VILLE DE MARSEILLE

CATALOGUE

DE LA

BIBLIOTHÈQUE POPULAIRE

Établie rue de Lodi, 29

PREMIÈRE BIBLIOTHÈQUE POPULAIRE MUNICIPALE

Ouverte le Premier Octobre 1866

MARSEILLE

Imprimerie de Jules Barile

Rue Sainte, 4

DÉCEMBRE 1867

VILLE DE MARSEILLE

CATALOGUE

DE LA

BIBLIOTHÈQUE POPULAIRE

Établie rue de Lodi, 29

PREMIÈRE BIBLIOTHÈQUE POPULAIRE MUNICIPALE

Ouverte le Premier Octobre 1866

Prix : 10 centimes

MARSEILLE

Imprimerie de Jules Barile

Rue Sainte, 4

DÉCEMBRE 1867

1867

RÈGLEMENT.

Tout habitant de la Commune peut emprunter gratuitement un volume, en déposant 2 francs et faisant inscrire ses noms et qualités.

La Bibliothèque est ouverte les lundis, mercredis et vendredis de 7 heures 1/2 du soir à 9 heures.

Le dépôt répond de la perte des livres et de leur dégradation. Il est restitué lorsqu'on cesse de prendre des livres.

Si le volume n'est pas rapporté dans un mois, l'emprunteur doit 10 centimes par semaine de retard.

DIVISION
DU CATALOGUE.

Nombre de volumes.

§ 1er. — *Polygraphes* 54

SCIENCES.

§ 2. — *Physique, Chimie, Mathématiques, Cosmographie, Géographie, etc.* 27

§ 3. — *Histoire Naturelle, Médecine.* 13

§ 4. — *Industrie, Agriculture, Arts et Métiers, Beaux-Arts* 24

MORALE ET LITTÉRATURE.

§ 5. — *Religion, Philosophie, Politique, Économie politique* 38

§ 6. — *Histoire, Biographie, Voyages, Mœurs.* 76

§ 7. — *Littérature, Poésie, Théâtre, Grammaire* 49

ROMANS.

§ 8. — *Contes et Romans français.* 88

§ 9. — *id.   id.   traduits de diverses langues.* 62

§ 1er. — Polygraphes.

(Répétés à chaque subdivision dont ils s'occupent.)

1 Le Magasin Pittoresque 1833 à 1864, 32 in-4. (Don de M. J. Isnard.)

1 bis. — Idem, années 1865 à 1867, et table des 30 premières années, 4 in-4.

2 L'Almanach du Magasin Pittoresque 1851 à 1865, 3 in-8. (Don de M. J. Isnard).

3 JOURDAIN, DURUY, CORTAMBERT. Manuel du baccalauréat ès-sciences, partie littéraire, in-12.

4 SONNET, SAIGEY. Manuel du baccalauréat ès-sciences, partie scientifique, in-12.

5 LEROY, DUCOUDRAY, CORTAMBERT. Mémento du baccalauréat ès-lettres, partie littéraire, in-18.

6 BOS, BEZODIS, PICHOT, MONVEL. Mémento du baccalauréat ès-lettres, partie scientifique, in-18.

7 BRARD, RENDU, St-HILAIRE, etc. Maître Pierre ou le Savant de Village, 3 in-18 (A, B et C).

8 Annuaire du Bureau des Longitudes 1866, in-18.

9 Association Polytechnique, THÉVENIN. Entretiens populaires, 3 in-12 (A, B et C).

10 Veillées du Presbytère. Entretiens sur les Sciences et sur l'histoire, in-24. (Don de M. Gillard.)

11 PATRIA. La France ancienne et moderne, 2 in-12. (Don de M. Thourel.)

12 Le Livre de la Jeunesse: Poésies, Charles XII, Nouvelles, in-4 illustré. (Don de M. Thourel.

§ 2. — Physique, Chimie, Mathématiques, Cosmographie, Géographie, etc.

13 Ganot. Physique Élémentaire, in-12.
14 Regnault. Éléments de Chimie, in-12.
15 Ducoin-Girardin. Entretiens sur la Chimie, in-8.
16 Samson. Principaux faits de la chimie, in-18.
17 Francolin. Physique, 2 in-24.
18 Chevalier. Traité élémentaire de physique, in-24.
7 B—Brard. Physique, in-18.
10 Entretiens sur la Chimie, in-24.
4 Sonnet, Saigey. Physique, Chimie, Mathématiques pures et appliquées, in-12.
6 Monvel, Bos, Bezodis, Pichot. Physique, Chimie, Arith., Géométrie, Algèbre, Cosmogr^{ie}, in-18.
18 bis. — Reynaud. Arithmétique et Algèbre, in-8. (Don de M. de la Souchère.)
19 Collin. Arithmétique, in-24.
20 Macé. Arithmétique de Grand-Papa, in-12.
20 bis. — Nicollet. Géométrie, Trigonométrie, in-8. (Don de M. de la Souchère.)
21 Delaunay. Astronomie, in-12.
22 Fontenelle. Pluralité des Mondes, in-24.
9 Babinet. Pluralité des Mondes (A); Des Sciences d'Observation (B); 2 in-12.
8 Distance du soleil, densités des corps, longitudes, etc., in-18.

23 Rambosson. Cosmographie, in-24.
24 Beudant. Minéralogie et Géologie, in-12.
25 Saigey. Petite Physique du Globe, in-18.
26 Brothier. Histoire de la Terre, in-18.
27 Margollé. Phénomènes de la Mer, in-18.
28 Zurcher. Phénomènes de l'Atmosphère, in-18.
29 Zurcher et Margollé. Volcans et Tremblements de terre, in-12.
11 Raulin, Martins, Bravais, Lalanne. Géologie, Météorologie et Géographie de la France, in-12.
3 et 5. Cortambert. Géographie, in-12.
30 Fléchambault. Géographie Générale, in-24.
31 Dorgère. Géographie de la France, in-24.
32 Alvarès. La France, Géographie, etc., 4 in-12.
33 Landrin. Les Plages de la France, in-12.
1 et 2. Magasin Pittoresque. Varia, *passim*.

§ 3. — Histoire naturelle, Médecine.

34 Buffon. Œuvres choisies, in-12.
35 Milne-Edwards. Zoologie, in-12.
36 Ysabeau. Histoire Naturelle Élémentaire, in-24.
37 » Botanique, in-24.
38 Douy. Physique Végétale, in-24.
4 Sonnet, Saigey. Zoologie, Botanique, in-12.
7 Fée. Zoologie (A), Botanique (B), in-18.
10 Entretiens sur la Botanique, in-24.
11 Gervais, Martins, Le Pileur. Zoologie, Botanique, Médecine de la France, in-12.

39 Millot, Broc, Chambeyron (Maître Pierre). Plantes utiles, Corps humain, Hygiène, in-18.
40 Ysabeau. Hygiène de l'Homme et des Animaux domestiques, in-24.
41 Rendu. Intelligence des Bêtes. in-12.
42 Macé. Histoire d'une Bouchée de pain, in-12.
43 Flourens. Longévité humaine, in-12.
44 Clément. La Santé ou Médecine populaire, in-12.
45 Mme de Ségur. Santé des Enfants, in-12.
46 West. Comment on soigne les Enfants malades, in-12.
9 A — Trousseau. L'Empirisme, in-12.
1 et 2. Magasin Pittoresque, *passim*.

§ 4. — Industrie, Agriculture, Arts et Métiers, Beaux-Arts.

47 Charton. Choix d'un État, in-8.
48 Association polytech., Thévenin. Cours d'économie Industrielle, le Capital, les Machines, in-12.
49 Leguidre. Premiers éléments d'Industrie Manufacturière, in-18.
50 Figuier. Grandes inventions Scientifiques et Industrielles, in-12.
51 Gaumont. Inventions et Découvertes, in-24.
52 Fréd. Passy. Les Machines et leur influence, in-12.
53 Guillaumin. Explication des Chemins de Fer, in-12.

11 Chassériau, Lalanne, Jung, Vaudoyer. Agriculture, Commerce, Industrie, Marine, Beaux-Arts de la France.

7 A — Brard, Bonnaire. Industrie, Système Métrique.

7 B — Quenot, Rendu. Arts Physico-Chimiques; Agriculture.

7 C — St-Germain. Inventions, Navigation, in-18.

8 Poids et Mesures, Monnaies de tous les pays, in-18.

9 C — Burat. Houille et Fer, in-12.

9 B — Perdonnet. Pont-du-Rhin, Mont-Cénis. — Bouchardat. Le Lait. — Barral. L'air, in-12.

9 A — Barral. Exposition Universelle de Londres. — De Lesseps. Suez, in-12.

1 et 2. Magasin Pittoresque, *passim*.

54 De Lesseps, Dupin, Philigret. Suez, Percement, Rapport, Hydrographie, in-8. (Don de M. de Lesseps.)

55 ***. Essai sur la Marine Française, in-12.

56 Renard. Merveilles de l'Art Naval, in-12.

57 Histoire des Pêches fluv. et marines, in-24.

58 Joigneaux. Agriculture, in-24.

59 Boncenne. Cours élémentaire d'Horticulture, in-12.

60 Nosban. Manuel de Menuisier, Ebéniste, Layetier, Sculpteur sur bois, 2 in-18.

61 Fontenelle et Malepeyre. Le Boulanger, 2 in-18.

62 Vandael. Le Tailleur d'habits, in-18.

63 Cardelli. Cuisinier et Cuisinière, in-18.

64 Degrange. Tenue des Livres (éléments), in-12.
65 Méliot. Musique, in-24.
66 Lefèvre. Merveilles de l'Architecture, in-12.
67 Th. Gautier. Les Beaux-Arts en Europe, 2 in-12.
   (Don de M. H. Amat.)

§ 5. — Religion, Philosophie, Politique, Économie Politique.

68 La Bible, ancien et nouveau Testament, gr. in-8.
69 Le nouveau Testament, in-8.
70 Platon. Dialogues : Le Politique, Timée, Critias, in-12.
71 Platon. La République, in-12.
72 Cicéron. Des Devoirs, in-12.
73 Épictète. Maximes, in-24.
74 Pascal. Pensées, édition Havet, in-12.
75 Fénelon. Existence de Dieu, in-12.
76 Bossuet. Connaissance de Dieu et de soi-même, Libre arbitre, Logique, etc, in-12.
77 Genty. Mythologies et Religions, in-24.
78 Boime. Mythologie Grecque et Romaine, in-24.
3 Jourdain. Philosophie, in-12.
5 Leroy. Philosophie, in-18.
9 B.—Ph. Chasles. Du Progrès, in-12.
79 Condorcet. Progrès de l'Esprit humain, in-12.
80 Aj. de Grandsagne. Notions générales, in-24.
81 Cousin. Du Vrai, du Beau et du Bien, in-12.

82. Roumieu. Plus d'Échafauds, in-8. (Don de M. Thourel.)
83 Carracioli. Jouissance de soi-même, in-12. (Don de M. Tamisier.)
84 Silvio Pellico. Les Devoirs de l'Homme, Mes Prisons, in-12.
85 J. Simon. Le Devoir, in-12.
86 Mably. Droits et Devoirs du Citoyen, in-24.
87 John Stuart Mill. La Liberté, in-12.
88 Masson. Droit Usuel, in-24.
89 Mirabeau. Discours, 3 vol. in-8, (Don de M. de la Souchère.)
89 bis.— Barrau. Conseils aux Ouvriers, in-12.
90 Cristal. Délassements du Travail, in-18.
91 Naville. Éducation publique, in-8. (Don de M. Thourel.)
92 Franklin. Mélanges de Morale et d'Économie Politique, in-12.
11 Lalanne, Vergé, Louandre. Religion, Législation, Finances, Travaux publics, Population de la France.
  9 A — Bouchardat. Le Travail.— Ed. Thierry. Influence du Théâtre sur la Classe Ouvrière, in-12.
  9 B — Duval. Colonisation.— Batbie. Crédit et Prévoyance, in-12.
  9 C — Batbie. L'Impôt.— Duvergier. La Civilisation.
93 Hubner. Manuel d'Économie Politique, in-18.
94 Jh. Garnier. Traité d'Économie Politique, in-12.

— 13 —

95 Annuaire de l'Économie Politique, in-12. (Don de M. Thourel.

8 Statistique de la Population, in-8.

96 BAUDRILLART. Luxe et Travail, in-18. (Don de M. Thourel.)

97 JULLIANY. Commerce de Marseille, 3 in-8. (Don de M. Barile.)

98 BERTEAUT. Marseille, Intérêts Nationaux, 2 in-8· (Don de M. E. Camoin.)

99 Rapport sur les Sociétés de Secours Mutuels, 1866, gr. in-4.

1 et 2 Magasin Pittoresque, *passim*.

§ 6. — Histoire, Biographie, Voyages, Mœurs.

100 LAVALLÉE. Histoire des Français, 4 in-12.

101 Aug. THIERRY. Lettres sur l'Histoire de France, in-8. (Don de M. Hamaouy.)

102 DAUBAN. Histoire Contemporaine, in-12.

103 MICHELET. Précis de l'Histoire Moderne, in-12.

104 MARCO ST-HILAIRE. Histoire Moderne et Napoléon Ier, in-18. (Maître Pierre.)

3 DURUY. Histoire de France, in-12.

5 DUCOUDRAY. Histoire Moderne, in-18.

11 LALANNE. Histoire de France.

105 THIERS. Waterloo, in-12.

106 MIGNET. Révolution Française, 2 in-12.

107 SAVAGNER. Chronologie de la Révolution Française, in-24.
108 TOCQUEVILLE. L'ancien Régime et la Révolution, in-8.
109 GUIZOT. Civilisation en Europe, in-12.
110 VOLTAIRE. Siècle de Louis XIV, in-12.
111 MICHELET. Louis XI et Charles-le-Téméraire, in-12.
112 A. D. L. Les Ducs de Normandie, in-8. (Don de M. Gillard.)
113 H. MARTIN. Jeanne-Darc, in-12.
114 A. FABRE. Histoire de Marseille, 2 in-8.
115 SAVAGNER. Histoire des Croisades, in-24.
10 Entretien sur l'Histoire de France, et sur l'Histoire Sainte.
116 GUIZOT. Guillaume-le-Conquérant, in-12.
117 MACAULAY. Histoire d'Angleterre, 2 in-12.
118 DE WITT. Histoire de Washington, in-12.
119 ZSCHOKKE. Histoire de la Suisse, in-12. (Don de M. Thourel.)
120 VOLTAIRE. Histoire de Charles XII, in-24.— Id. au n° 12.
121 DIÉGO SORIA. Histoire d'Italie, 3 in-8. (Don de M. Thourel.)
122 CAMPE. Découverte de l'Amérique, 2 in-12.
123 POUJOULAT. Conquête de Constantinople par les Latins, in-12. (Don de M. Gillard).
124 BURETTE. Histoire des Empereurs Romains, in-24.
125 SALLUSTE. Catilina, Jugurtha, in-24.
126 COMBES. La Grèce, in-18.

127 BARTHÉLEMY. Voyage du Jeune Anacharsis, 3 in-12.
128 PLUTARQUE. Hommes Illustres de Rome, 2 in-8.
129   id.   id   de la Grèce, 2 in-8.
130 LANOYE. L'Égypte il y a 3000 ans, in-12.
131 LAMARTINE. Vie de Nelson, in-12.
132   id.   Vie de Mme de Sévigné, in-12.
133   id.   Guillaume-Tell, in-12.
134 BADIN. Vie de Dugay-Trouin, in-12.
135 CONDORCET. Vie de Voltaire, in-24.
136 PONTCHEVRON. Eloge de Mgr. de Belsunce, in-8.
137 TAMISIER. Notices sur M. de Belsunce, Dumarsais, JJ. Ampère, in-8. (Don de l'auteur).
138 MIGNET. Vie de Sieyès, Talleyrand, Broussais, de Tracy, Daunou, etc., in-12.
139 MIGNET. Vie de Sismondi, Rossi, Franklin, etc., in-12.
140 CUVIER. Vie de Daubenton, Parmentier, Berthollet, etc., in-8.
141 BAUDRILLART. Vie de Jacquart, in-18.
142 LABOUCHÈRE. Vie d'Oberkampf, in-12.
143 HOUSSAYE. Sculpteurs, Peintres, Musiciens du XVIIIme siècle, in-12.
144 LALANNE. Curiosités biographiques, in-12.
145 FRANKLIN. Mémoires sur sa vie par lui-même, 2 in-18.
146 GŒTHE. Mémoires, 2 in-12.
147 PIOTROWSKI. Souvenirs d'un Sibérien, in-12.
148 LANOYE. La Mer Polaire, in-12.
149 LAVALLÉE. la Chine Contemporaine, in-12.

150 Lindau. Voyage autour du Japon, in-12.
7 C— St-Germain-le-Duc. Voyages et Découvertes, in-8.
1 et 2 Magasin Pittoresque, *Passim*.
151 Th. Gautier. Constantinople, in-12.
152 Daumas. Le Grand Désert, in-12.
153 Gérard. Le Tueur de Lions, in-12.
154 Nisard. Souvenirs et Voyages, in-12.
155 Laboulaye. Paris en Amérique, in-12.
156 Lavergne. Ruines Hist. de la France, in-12.
157 Verne. Promenades dans Marseille, in-12.
158 A. Fabre. Anciennes Rues de Marseille, in-8. (Don de l'auteur.)
159 Revue de Provence en 1830, in-8. (Don de M. Hamaouy).
160 Guichard et Leneveux. De l'Instruction en France, in-18.
11 Desportes et Lalanne. Instruction Publique et Ethnologie de la France.

§ 7. — Littérature, Poésie, Théâtres, Grammaire.

161 Boileau. Œuvres Poétiques, in-12.
162 La Fontaine. Fables, in-18.
163 Florian. Fables, in-8.
12 Fables de Lafontaine, Florian, et autres. Poésies de Boileau.

164 LAMARTINE. Premières Harmonies, in-12.

165 V. HUGO. Orientales, Feuilles d'Automne, Chants du Crépuscule, in-12.

166 Mlle DE HELL. Poésies, in-12. (Don de M. Hardivillier).

167 PONCY. Chanson de chaque métier, in-18. (Don de M. Thourel).

168 Paul REYNIER. Poésies, in-12. (Don de M. J. B. Reynier).

169 JOUVEN. Mes Loisirs dans mon Echoppe, in-8 (Don de M. Thourel).

170 CORNEILLE. Théâtre, in-12.

170 bis.— AUDIFFRET. Entre deux Paravents, in-12. (Don de M. E. Camoin.)

171 RACINE. Théâtre, in-12. (Don de M. A. Ailhaud.)

172 VOLTAIRE. Théâtre, in-12.

173 C. DELAVIGNE. Louis XI, Enfants d'Édouard, in-4.

174 MOLIÈRE. Théâtre, 3 in-12.

175 BEAUMARCHAIS. Barbier de Séville, Mariage de Figaro, in-24.

176 BOSSUET. Oraisons Funèbres, in 12.

177 MASSILLON. Petit Carême, in-12.

178 LABRUYÈRE. Caractères, in-12.

179 LAROCHEFOUCAULT. Maximes, in-24.

180 MONTESQUIEU. Lettres Persanes, in-24.

181 J. J. ROUSSEAU. Emile, 2 in-24.

182 CHATEAUBRIAND. Atala, René, Abencerages, Natchez, in-8.

183 CHATEAUBRIAND. Itinéraire de Paris à Jérusalem, 2 in-18. (Don de M. Hamaouy.)

184 CHATEAUBRIAND. Atala, 1801, in-18. (Don de M. Gillard.)
185 P. L. COURIER. Chefs-d'Œuvre, 2 in-24
186 HORACE. Odes, trad. par M. le D' Rey, in-12 (Don du traducteur.)
187 Les Satiriques Latins, trad. Despois, in-12. (Don de M. Dartigue.)
188 HOMÈRE, trad. GIGUET. Iliade et Odyssée, in-12.
189 DANTE, trad. FIORENTINO. Divine Comédie, in-12.
190 TASSE, trad. DESPLACES. Jérusalem délivrée, et Aminte, in-12.
191 SHAKSPEARE. Chefs-d'Œuvre, 3 in-12.
192 MILTON, tr. CHATEAUBRIAND. Paradis perdu, in-8.
193 SCHILLER, trad. MÉLIOT. Guillaume-Tell, in-24.
194 TRUBLET. Littérature 1749, 2 in-12. (Don de M. Tamisier).
195 LEFRANC. Cours de Littérature 1864, in-12.
11 LALANNE, AICARD. Langues et Littérature de la France.
3 Explication des principaux Auteurs, in-12.
5 LEROY. Notices sur les Auteurs classiques, in-18.
196 LAMARTINE. Balzac et ses Œuvres, in-12.
9 B — SAMSON. Le Misanthrope de Molière. — Paulin PARIS. Le Sentiment Littéraire au moyen-âge, in-12.
9 A — SAMSON. Lecture à haute voix, in-12.
197 LALANNE. Curiosités Littéraires, in-12.
198 J.-B. REYNIER. Correction des Fautes de Langage, in-12 (Don de l'auteur.)

7 A— L. M. C. Entretⁿ sur la Langue Fr°, in-18.
199 LHOMOND. Grammaire Française, in-18.
200 *** Grammaire Française, in-24.

§ 8 — Contes et Romans Français.

201 PERRAULT. Contes des Fées, in-12.
202 Mme DE LAFAYETTE. La Princesse de Clèves. in-12.
203 FÉNÉLON. Télémaque, in-12.
204 HAMILTON. Mémoires de Grammont, in-8.
205 LE SAGE. Gil-Blas, in-12.
206 PRÉVOST. Manon Lescaut, in-24.
207 DIDEROT. Neveu de Rameau, in-24.
208 FLORIAN. Arlequinades, in-12.
209 MARMONTEL. Les Incas, in-12.
210 B. DE ST-PIERRE. Paul et Virginie, in-12.
211 Mme DE STAEL. Corinne, in-12.
212 X. DE MAISTRE. Œuvres, in-12.
213 DE JUSSIEU. Simon de Nantua, in-12.
214 Ch. NODIER. Contes Fantastiques, in-12.
215   id.   Contes de la Veillée, in-12.
216 BALZAC. Eugénie Grandet, in-18.
217   id.   Ursule Mirouet, in-18.
218   id.   Les Marana; l'Élixir, etc., in-18.
219   id.   Le Lis dans la Vallée, in-18.
220   id.   Histoire des Treize, in-18.
221   id.   Les Chouans, in-18.
222   id.   Modeste Mignon, in-18.
223 F. SOULIÉ. Le Bananier, in-12.

224 F. Soulié. Port de Créteil, in-12.
225   id.   Le Magnétiseur, in-12.
226   id.   Malheur complet; Averses, etc., in-12.
227   id.   Un Été à Meudon, in-12.
228   id.   Sathaniel, in-12.
229 A. de Vigny. Cinq-Mars, in-12.
230   id.   Stello, in-12
231   id.   Servitude et Grandeur Militaire.
232 Saintine. Picciola, in-12.
233 Léon Gozlan. La Fille du Logis, in-12.
234 Mérimée. Colomba, in-12.
235   id.   Chroniques du règne de Charles IX, in-12.
236 M. Masson. Contes de l'Atelier, in-12.
237   id.   Couronne d'Épines, in-12.
238   id.   Drames de la Conscience; Mallotte, etc., in-12.
239 Souvestre. Au Coin du Feu, in-12.
240   id.   Un Philosophe sous les toits, in-12.
241 V. Hugo. Notre-Dame-de-Paris, in-4.
242 Ce que disent les Fleurs, in-12.
243 Lequel des Deux, in-8. (Don de M. Gillard.).
244 Bouniol. La Joie du Foyer, 2 in-12. id.
245 Mme Barbier. Julia et Léontine, in-8. id.
246 Eug. Sue. Les Fils de Famille, 3 in-12.
247 J. Sandeau. Mlle de la Seiglière, in-12.
248 St-Germain. Châlet d'Auteuil, in-18.
249   id.   Pour une Épingle, in-18.
250   id.   Mignon, in-18.
251 Méry. Guerre du Nizam, in-12.

252 Méry. La Floride, in-12.
253 id. Héva, in-12.
254 A. Achard. Belle-Rose, in-12.
255 id. La Robe de Nessus, in-12.
256 Lamartine. Graziella, in-12.
257 id. Raphaël, in-12.
258 A. Dumas. Monte-Cristo, 6 in-12.
259 id. Bâtard de Mauléon, 3 in-12.
250 id. Black, in-12.
261 id. Le Trou de l'Enfer, in-4. (Don de M. Gillard.)
262 George Sand. La Mare au Diable, in-12.
263 id. François-le-Champi, in-12.
264 id. Petite Fadette, in-12.
265 id. André, in-12
266 id. Mlle La Quintinie, in-12.
267 Oct. Feuillet. Roman d'un Jeune Homme Pauvre, in-12.
268 L. Reybaud. Jérôme Paturot, in-12.
269 Mme De Ségur. Mémoires d'un Ane, in-12.
270 id. Sœur de Gribouille, in-12.
271 id. Le Bon Petit Diable, in-12. (Don de M. E. Rey.)
272 Erkmann et Chatrian. Conscrit de 1813, in-12.
273 id. Le Fou Yégof ou l'Invasion, in-12.
274 Erkmann et Chatrian. Confidences d'un Joueur de Clarinette, in-12.
275 Erkmann-Chatrian. Waterloo, in-12. (Don de M. E. Rey.)

276 Porchat. Trois mois sous la Neige, in-18.
277 About. Le Roi des Montagnes, in-12.
278 Conninck. Le Mousse Yvonnet, in-8.
1 et 2. Magasin Pittoresque, *passim*.

§ 9. — Contes et Romans, traduits de diverses Langues.

279 De Foe. Robinson Crusoé, in-12.
280 Swift. Voyage de Gulliver, in-24.
281 Sterne. Voyage Sentimental, in-24.
282 Johnson. Rasselas, a tale, in-18.
283 Goldsmith. Vicaire de Wakefield, in-12.
284 Walter Scott, tr. Defauconpret. Ivanhoe, in-8.
285   id.   Rob-Roy, in-8.
286   id.   Waverley, in-8.
287   id.   Prison d'Édimbourg, in-8.
288   id.   Quentin Durward, in-8.
289   id.   Guy Mannering, in-8.
290   id.   Puritains; Nain Noir, in-8.
291   id.   Lammermoor; Officier de Fortune, in-8.
292 Walter Scott. L'Antiquaire, in-8.
293   id.   La Jolie Fille de Perth, in-8.
294   id.   Pévéril du Pic, in-8.
295   id.   Richard en Palestine, in-8.
296 Cooper, trad. Defauconpret. Prairie, in-8.
297   id.   Corsaire Rouge, in-8.

298 Cooper. L'Espion, in-8.
299 id. Le Dernier des Mohicans, in-8.
300 id. Les Pionniers, in-8.
301 Marryat. Petit Sauvage, 2 in-12.
302 Dickens. Nicolas Nickleby, 2 in-12.
303 id. Olivier Twist, in-12.
304 id. Neveu de ma Tante ou Copperfield 2 in-12.
305 Dickens Barnabé Rudge, in-12. (Don de M. Thourel.)
306 Mayne Reid. A la Mer, in-12.
307 id. Habitation du Désert, in-12.
308 Bulwer. Pisistrate Caxton, 2 in-12.
309 Beecher Stowe. Case de l'Oncle Tom, in-12. (Don de M. Hardivillier.)
310 Gaskell. Marie Barton, in-12.
311 Currer Bell. Jane Eyre, in-12.
312 Wetherell. Le Vaste Monde, in-12.
313 Cummings. L'Allumeur de Réverbères, in-12.
314 Edgar Poe. Histoires Extraordinaires, in-12.
315 id. Nouvelles Histoires extraordinaires, in-12. (Don de M. Thourel.)
316 Thakeray. La Foire aux Vanités, 2 in-12
317 Gœthe. Werther, in-24.
318 id. Wilhelm Meister, 2 in-12.
319 id. Hermann et Dorothée, in-12.
320 Hoffmann. Contes Fantastiques, in-12.
321 Ch. Shmidt. Contes Choisis, in-12.
322 Frères Grimm. Contes de la Famille, in-12.
323 Wyss. Robinson Suisse, 2 in-12.

12 Topffer. Nouvelles Genevoises.
324 Freytag. Doit et Avoir, 3 in-12.
325 Lennep. Ferdinand Huyck, 2 in-12.
326 H. Conscience. Le Conscrit, in-12.
327 Tourgueneff. Scènes de la Vie Russe, in-12.
328 Cervantès. Don Quichotte, in-12
329 Manzoni. Les Fiancés, in-12.
330 César Cantu. Margherita Pusterla, in-12.
1 et 2. Magasin Pittoresque, *passim*.

www.ingramcontent.com/pod-product-compliance
Lightning Source LLC
Chambersburg PA
CBHW060640050426
42451CB00012B/2681